Den Adventskranz gibt es noch gar nicht so lange, er hat seinen Ursprung im „Rauhen Haus", einer diakonischen Erziehungsanstalt in Hamburg. Der evangelische Pfarrer Johann Hinrich Wichern lies um die Mitte des 19. Jahrhunderts ein großes Wagenrad einer alten Kutsche aufhängen und mit 24 Lichtern den Betsaal erhellen. Für die Sonntage gab es große Lichter, für die Wochentage kleine. Anfangs waren nur die umgebenden Wände mit Tannengrün geschmückt, später auch der Kranz selbst. Zunehmend wurde der Kranz in die häusliche Adventsgestaltung eingeführt und war bald darauf in fast allen evangelischen Haushalten zu finden. Bis der Kranz im eher katholisch geprägten Süden zu finden war, hat es noch eine ganze Zeit gedauert. Dort wurde der Brauch erst nach dem Zweiten Weltkrieg wirklich heimisch.

Die Hoffnungssymbolik des Adventskranzes haben wir für Sie ganz neu interpretiert, traditionelle und moderne Kränze zusammengestellt, Tisch- und Hängekränze, Gestecke und Kaskaden.

Wir wünschen Ihnen eine besinnliche Weihnachtszeit

S. Holl Stefanie Göke

Kaskadenkranz

doppelt elegant

1 Das Filzband um den Heukranz schlingen, sodass er komplett kaschiert ist. Das Ende 65 cm herabhängen lassen, es entsteht eine Schleppe. Die 5 mm starke Wollschnur in ein 60 cm, 45 cm, 40 cm, 30 cm, 25 cm und 20 cm langes Stück schneiden. Binden Sie in die drei längsten Schnüre in unregelmäßigen Abständen Zimtstangen ein. Alle Wollschnüre andrahten.

2 Die Litze in zwei 1,10 m lange Stücke schneiden und die Enden mit Golddraht abbinden, damit diese nicht ausfransen. Beide Abschnitte andrahten. Alle Schnüre und Bänder in den Heukranz durch das Filzband feststecken. Schon ist der wollweiße Unterbau des prachtvollen Kranzes fertiggestellt.

3 Kurze Abschnitte der Weißtanne mit Bindedraht über den Strohkranz binden, wie auf den Umschlagklappen beschrieben. Gehen Sie dabei büschelweise vor und legen Sie diese schuppenartig auf. Ist der grüne Kranz fertig, diesen auf dem umwickelten Heukranz mit Heißkleber befestigen. Die Kante zwischen dem Tannenkranz und dem weißen Filzkranz kaschieren Sie mit Kiefernzapfen. Diese mit Heißkleber fixieren.

4 Die Kerzentellerchen in gleichmäßigen Abständen in den Kranz stecken. Um die Kerzen die kleinen Waldfundstücke und Weihnachtsgewürze kleben. Sehr schön kommt dieser Kranz zur Geltung, wenn er erhöht steht, etwa auf einem Blumenständer, sodass seine Schleppe ihre Wirkung voll entfalten kann.

MOTIVGRÖSSE
ø ca. 35 cm

MATERIAL
* 4 Kerzen in Perlweiß, ø 6 cm, 10 cm hoch
* 4 Kerzenhalter aus Metall, ø 6 cm
* Strohkranz, ø 25 cm
* Heukranz, ø 30 cm
* Filzband in Weiß, 15 cm breit, 4 m lang
* Wollschnur in Weiß, ø 10 mm, 1 m lang
* Wollschnur in Weiß, ø 5mm, 2,20 m lang
* Litze mit Organza in Weiß-Gold, 2,20 m lang
* Weißtannenzweige
* 30 Kiefernzapfen
* Zimtstangen
* Erlenzapfen
* Eicheln
* Sternanis
* Nelken
* kleine Holzscheiben
* Bindedraht in Grün, ø 0,65 mm
* Steckdraht, ø 1,4 mm
* Golddraht, ø 0,30 mm
* Heißkleber

Sehr schön ist der Gesamteindruck, wenn Sie die Tupfen der Fliegenpilze beim Andekorieren wieder aufgreifen.

Märchenwald

verwunschen schön

1 Den Bindedraht am Rohling befestigen, sodass dieser aus der Mitte heraus über das angelegte Grün geführt werden kann. Dabei die verschiedenen Bindematerialien abwechseln. Am besten kleine Büschel aus etwas Buchs und Koniferengrün fassen und diese Sträußchen überlappend anbinden.

2 Wie auf der Umschlagklappe beschrieben aus der Modelliermasse 22 kleine Fliegenpilze mit Drahtfüßchen formen, trocknen lassen und bemalen.

3 Den Kranz am Bindeende aufschneiden und zwischen die Schnittkanten die kleine Konifere stellen (ohne Übertopf). Moos über die Erde drapieren und mit dem Bindedraht fixieren. Das Moos auch über die Kranzenden auflegen, bis ein kleiner Hügel um das Bäumchen herum entstanden ist und mit Bindedraht leicht festbinden. Das Ende des Bindedrahtes in das Moos stecken.

4 Aus jeweils 15 cm Band eine kleine Schleife legen und die Mitte mit Silberdraht abbinden; den Bindedraht etwas länger lassen, um die Schleife an dem Bäumchen zu befestigen.

5 Die Fliegenpilze in das Moos und zwischen die Kerzen stecken und zum Schluss etwas Sprühschnee aufsprühen. Die roten Kerzen auf Metalltellerchen setzen und in den Kranz stecken. Wenn Sie das Moos gelegentlich mit einer Sprühflasche wässern, bleibt es die ganze Adventszeit über saftig grün.

MOTIVGRÖSSE

ø 25 cm

MATERIAL

* 4 Kerzen in Rot, ø 6 cm, 6 cm hoch
* 4 Kerzenhalter aus Metall, ø 6 cm
* Heurohling, ø 20 cm
* Buchs
* Koniferengrün (Eibe, Thuja)
* Moos
* kleine Konifere im Topf, 25–30 cm hoch
* Band in Rot-Weiß kariert, 5 mm breit, 75 cm lang
* Bindedraht in Grün, ø 0,65 mm
* Sprühschnee
* Silberdraht, ø 0,25 mm
* Modelliermasse, lufttrocknend, 125 g
* Acrylfarbe in Weiß und Rot
* Pinsel

Weihnachtstraum

mit zarten Christrosen

MOTIVGRÖSSE
ø ca. 34 cm

MATERIAL
* 4 Kerzen in Apfelgrün, ø 6 cm, 10 cm hoch
* 4 Kerzenhalter aus Metall, ø 6 cm
* Strohkranz, ø 30 cm
* Moos
* 4 Zimtstangen, 40 cm lang
* Silberdraht, ø 0,25 mm 20 m
* 21 Mistelzweige, ca. 7 cm lang
* 11 künstliche Christrosen, 8 cm lang
* Bindedraht in Grün, ø 0,65 mm
* Heißkleber

1 Das Moos über den Strohrömer legen und mit grünem Bindedraht umwickeln bis der Rohling völlig bedeckt ist. Achten Sie darauf, die Drahtenden im Strohkern verschwinden zu lassen. Die Kerzen mit ihren Kerzenhaltern etwas nach hinten versetzt in den Kranz einstecken.

2 Über die Kranzmitte die Zimtstangen legen und mit Heißkleber fixieren. An dem langen Silberdraht die Christrosenblüten und kleine Abschnitte von Mistelzweigen befestigen, das Silberdrahtende an den vier Zimtstangen befestigen und das ganze locker über die Zimtstangen legen. Den Silberdraht auflockern und die Christrosen und Mistelzweige in Form zupfen. Über das Ende eines Stiftes Teile des Silberdrahtes wickeln, um Zwischenräume zu verkürzen und kleine Locken im Silberdraht zu erzeugen.

Mein Tipp für Sie

Variante Dieser duftig-zarte Kranz ist auch als Hängekranz ein herrlicher Anblick. Dann sollten allerdings die vier Kerzen gleichmäßig über den Kranzkörper verteilt werden. Zum Aufhängen eignet sich ein perlweißes, hellgrünes oder silbernes Satinband. Aber nicht vergessen, dass man sich unter Mistelzweigen küsst – den Kranz also sorgfältig positionieren!

Tausend und eine Nacht

Orientalisches Gesteck

MOTIVGRÖSSE
ø 60 cm

MATERIAL
* Kerze in Weinrot, ø 8 cm, 12 cm hoch
* Pappe, 50 cm x 24 cm
* Glaspokal, ø 16 cm, 13 cm hoch
* Dekogranulat in Orange
* 2 Bund Glasbeeren in Lila, ø 1,5 cm
* Schlauchband aus Organza in Rot-Orange, 15 cm breit, 50 cm lang
* 1 Päckchen Plastikeiswürfel mit Loch in Orange und Rot, ø ca. 1 cm
* 18 Filzkugeln in Lila, Orange, Bordeaux und Schwarz, bestickt, ø 20 mm
* 8 Glaskugeln in Gold, glänzend, ø 3 cm
* 10 Glaskugel in Gold, matt, ø 3 cm
* 12 Glaskugeln in Gold, glänzend, ø 4 cm
* 4 Glaskugeln in Gold, matt, ø 4 cm
* 4 Glaskugeln in Gold, glänzend, ø 6 cm
* 4 Glaskugeln in Rot, glänzend, ø 4 cm
* 4 Glaskugeln in Rot, matt, ø 4 cm
* 6 Glaskugeln in Rot, glänzend, ø 6 cm
* 5 Glaskugeln in Lila, glänzend, ø 6 cm
* 3 Glaskugeln in Lila, glänzend, ø 7 cm
* 7 Glaskugeln in Creme, glänzend, ø 4 cm
* 5 Glaskugeln in Bordeaux, klar, ø 4 cm
* 3 Glaskugeln in Orange, glänzend, ø 7 cm
* 2 Glaskugeln in Silber, matt, ø 6 cm
* Glaskugel in Lila, matt, ø 7 cm
* Heißkleber

VORLAGEN
Bogen B

1 Die Pappe der Vorlagenzeichnung entsprechend zuschneiden. Das Schlauchband aus Organza aufschneiden, in kleine Rechtecke zerteilen und damit den Rand der Pappe bekleben. In die Mitte den Glaspokal kleben, sodass er nicht verrutscht.

2 Mit den größeren Kugeln Fixpunkte setzen, um diese herum mittlere und kleine Glaskugeln kleben, immer in abwechselnden Farben und Größen. Zuletzt die Glasbeeren und Filzkugeln als optische Auffrischung in die Zwischenräume kleben.

3 Füllen Sie zuletzt den Glaspokal zur Hälfte mit Dekogranulat und Plastikwürfeln und stellen Sie die weinrote Kerze in seine Mitte.

Dieser Kranz lebt von seinen liebevollen Details und den zart gemusterten Stoffen.

Skandinavischer Gruß

liebevoll-verspielt

MOTIVGRÖSSE
ø 38 cm

MATERIAL

* 8 Haushaltskerzen in Weiß, ø 2,5 cm, 23 cm lang
* Heurohling 25 cm
* Weißtanne
* Bindedraht geglüht, ø 0,65 mm
* Silberdraht, ø 0,25 mm
* Kerzendraht, ø 1,4 mm
* Karoband Rot-Weiß kariert, ø 6 mm, 4 m lang
* kleingemusterte skandinavische „Tilda"-Stoffe
* Stopfwatte
* kleine Lebkuchen-Streuteile aus Holz
* kleine „Tilda"-Streuteile aus Holz
* Heißkleber

VORLAGEN
Bogen A

1 Den Bindedraht an dem Rohling befestigen, sodass dieser aus der Mitte heraus über das angelegte Grün geführt werden kann. Dann den Kranz wie in der allgemeinen Anleitung beschrieben aus Weißtannenbüscheln binden.

2 Nun beginnt die Fleißarbeit, für die Sie etwas Fingerspitzengefühl benötigen: Zwei Tannen, zwei Herzen und zwei Sterne anhand der Vorlage aus den kleingemusterten Stoffen nähen und wie auf den Umschlagklappen beschrieben mit Stopfwatte befüllen.

3 Je zwei Kerzen mit je 65 cm Karoband zusammenbinden, auf der vorderen Seite das Band verknoten. Die Kerzen mit angewärmtem Steckdraht versehen und in gleichmäßigen Abständen in den Kranz stecken. Mit Heißkleber sichern. Aus je 35 cm Karoband Schleifen legen und in der Mitte mit Silberdraht abbinden. Je eine Schleife neben den doppelt gebundenen Kerzen platzieren.

4 Abschließend die Holzstreuteile wie Krönchen und Lebkuchen mit Heißkleber über den Kranz verteilen. Was für ein Augenschmaus!

Hinweis: Da bei dieser originellen Kerzenvariante keine Metallhalter möglich sind und die Kerzen stattdessen direkt in den Kranz „gedrahtet" werden, sollten Sie diesen Kranz auf keinen Fall unbeaufsichtigt brennen lassen!

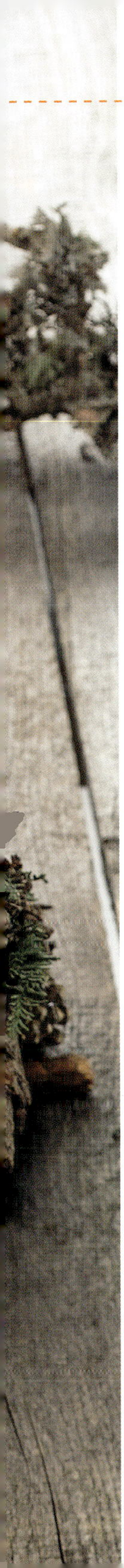

Waldspaziergang

Natur pur

1 Bei diesem Adventskranz binden Sie sich Ihren Kern selbst: Die Äste zu einem Kreis mit ca. 33 cm Durchmesser legen und mit Bindedraht zusammenbinden.

2 Auf dieses Grundgerüst mit Heißkleber verschieden große Holz- und Rindenstücke kleben. In die Zwischenräume des Kranzes Zapfen, Eicheln, Kastanien und Moos kleben, bis der Kranz komplett bedeckt ist. Die Zimtstangen dekorativ auf dem Kranz verteilen und mit Heißkleber fixieren.

3 Die Kerzenhalter im Kranz fixieren, evtl. mit etwas Heißkleber nachhelfen. Zwischen den Kerzen und verteilt auf dem Kranz die Koniferenzweige, kleine Tannenzweige und Beeren vom Feuerdorn einfügen. Abschließend die Kerzen auf die Metalltellerchen stecken. Nun suchen Sie einen schönen Platz für den Kranz, beispielsweise auf einem Beistelltisch und schon kann der Advent beginnen. Die kleinen Astscheiben werden zuletzt dekorativ auf den Kranz geklebt.

Mein Tipp für Sie

Natürlicher Noch ursprünglicher wird dieser Kranz, wenn Sie Kerzen aus Bienenwachs verwenden. Es gibt sie gerollt – mit dem traditionellen Wabenmuster – und gegossen. Stets sind sie von honiggelber Farbe und verströmen einen wunderbaren Duft.

MOTIVHÖHE
ø 35 cm

MATERIAL

- 4 Kerzen in Orange, ø 6 cm, 10 cm hoch
- 4 Kerzenhalter aus Metall, ø 6 cm
- Aststücke, 25 cm lang
- Koniferenzweige
- Tannenzweige
- Rinde
- Holzstücke
- Moos
- Kiefernzapfen
- Fichtenzapfen
- Lärchenzapfen
- Eicheln
- Kastanien
- Beeren (Feuerdorn)
- Zimtstangen
- Astscheiben
- Bindedraht, ø 0,65 mm
- Heißkleber

Es ist durchaus möglich, dass einige der Schokoplätzchen auf geheimnisvolle Weise verschwinden. Halten Sie also Nachschub bereit!

Kinderkranz

für die Kleinen

MOTIVGRÖSSE
ø 25 cm

MATERIAL
* 4 Baumkerzen in Weiß
* 4 Baumkerzenhalterclips in Silber
* Metallring aus gewelltem Flachdraht, ø 20 cm
* Buchs
* Tannenzweige
* verschiedene Koniferenzweige
* Blumendraht in Grün, ø 0,65 mm
* Wachsliner in Azurblau, Goldgelb, Pastellgrün und Klassikrot
* 8 Perlmutt-Sterne in Elfenbein, Azurblau, Orange und Klassikrot, ø 15 mm
* 16 Schokoplätzchen
* Silberdraht, ø 0,35 mm, 4 m lang
* Zimtstange, 25 cm lang
* Zug aus Holz , 11,5 cm lang
* Satinband in Dunkelblau, 6 mm breit, 2,60 m lang
* Heißkleber

1 Den Kranz wie in der allgemeinen Anleitung ausführlich beschrieben mit verschiedenen Sorten Grün binden. Dabei die verschiedenen Bindematerialien abwechseln und auch auf der unteren Seite das Grün anlegen. So entsteht ein rundgebundener Kranz.

2 Auf die weißen Baumkerzen Punkte mit Wachsliner in verschiedenen Farben malen. Diese nach dem Trocknen in die Baumkerzenhalter stecken und in gleichmäßigen Abständen in dem Kranz befestigen.

3 Schneiden Sie nun das Satinband in zwei 1,30 m lange Stücke. Die Enden der Bänder um den Kranz schlingen und verknoten, die Enden müssen sich dabei immer exakt gegenüber liegen. Den Kranz in der Waagerechten ausrichten und die nach oben führenden Bänder mit einem kleinen Bandstück am Scheitelpunkt zusammenbinden. Nun können Sie den Kranz zur weiteren Ausgestaltung an einen Deckenhaken hängen.

4 Den Silberdraht in acht Stücke à 50 cm zuschneiden. An beiden Enden des Silberdrahtes je ein Sternchen befestigen. Schlingen Sie nun um die Aufhängebänder und die Kerzenhalter jeweils einen Silberdraht mit Sternchen. Mit Hilfe eines Stiftes in die herabhängenden Silberdrähte Locken drehen. Die restlichen 16 Sternchen verteilt in den Kranz kleben.

5 Auf die Zimtstange den Holzzug kleben und die Zimtstange dann über der Mitte des Kranzes mit Draht und Heißkleber befestigen. Legen Sie abschließend auf die Kerzenhalter jeweils vier Schokoplätzchen.

Goldstück

barocke Üppigkeit

MOTIVGRÖSSE
ø 35 cm

MATERIAL
* 4 Kerzen in Perlweiß, ø 8 cm, 8 cm hoch
* 4 Kerzenhalter aus Metall, ø 8 cm
* Strohkranz, ø 30 cm
* Bindedraht in Grün, ø 0,65 mm
* Koniferengrün
* Kerzendraht, ø 1,4 mm
* Dekoband in Weiß-Gold, 20 mm breit, 6 m lang
* Lamé mit Drahtkante in Gold, 2,5 cm breit, 6 m lang
* 4 Glaskugeln in Gold, glänzend, ø 6 cm
* 8 Glaskugeln in Gold, glänzend, ø 4 cm
* 12 Glaskugeln in Gold, glänzend, ø 3 cm
* 4 Glaskugeln in Gold, beglimmert, ø 3,5 cm
* 12 Glaskugeln in Topas, matt, ø 4 cm
* 12 Glasspiegelbeeren in Gold, glänzend, ø 2 cm
* 12 Glasspiegelbeeren in Gold, matt, ø 2 cm
* 4 Pappsterne in Gold, beglimmert, ø 5 cm
* 4 Keramikengel in Gold, 4 cm hoch
* 8 Metallglöckchen in Gold, ø 4 cm
* 8 Metallglöckchen in Gold, ø 2,4 cm
* 4 Seidenrosen in Weiß, ø 9 cm
* 4 Seidenrosen in Weiß, ø 4 cm
* Heißkleber

VORLAGEN
Bogen B

1 Die Thuja sorgfältig schuppenförmig über den Strohkranz binden. Die vier Kerzen auf den Sicherheitstellerchen in gleichmäßigen Abständen in den Kranz stecken. Sollten die Metalltellerchen wackelig stehen, fixieren Sie sie mit etwas Heißkleber.

2 Die Bänder in je 1,50 m lange Stücke zuschneiden. Aus den Bandabschnitten wie auf den Umschlagklappen beschrieben je eine Schleife binden. Je eine weiß-goldene und eine goldene Schleife dicht untereinander vor jede Kerze in den Kranz stecken.

3 Die großen Rosen zwischen die Kerzen in den Kranz kleben, jeweils eine kleine Rose daneben kleben. Zu den Rosen gesellt sich außerdem ein Glöckchen mit ø 4 cm.

4 Links von der Rosengruppe eine Glaskugel mit ø 6 cm in Gold und darüber eine 4 cm große Glaskugel in Gold positionieren. Verteilen Sie nun die kleinen Kugeln dahinter, im Innenbereich des Kranzes. Nur die kleinen goldenen dürfen noch nach oben und vorne.

5 Oben auf dem Scheitelpunkt des Kranzgrates werden Sterne und Engel eingeklebt. Aufwand, der sich lohnt: Arbeiten Sie diesen Kranz strikt symmetrisch und behalten Sie die Anordnungen bei, sonst wird er unübersichtlich.

Skandinavischer Gruß

SEITE 10/11

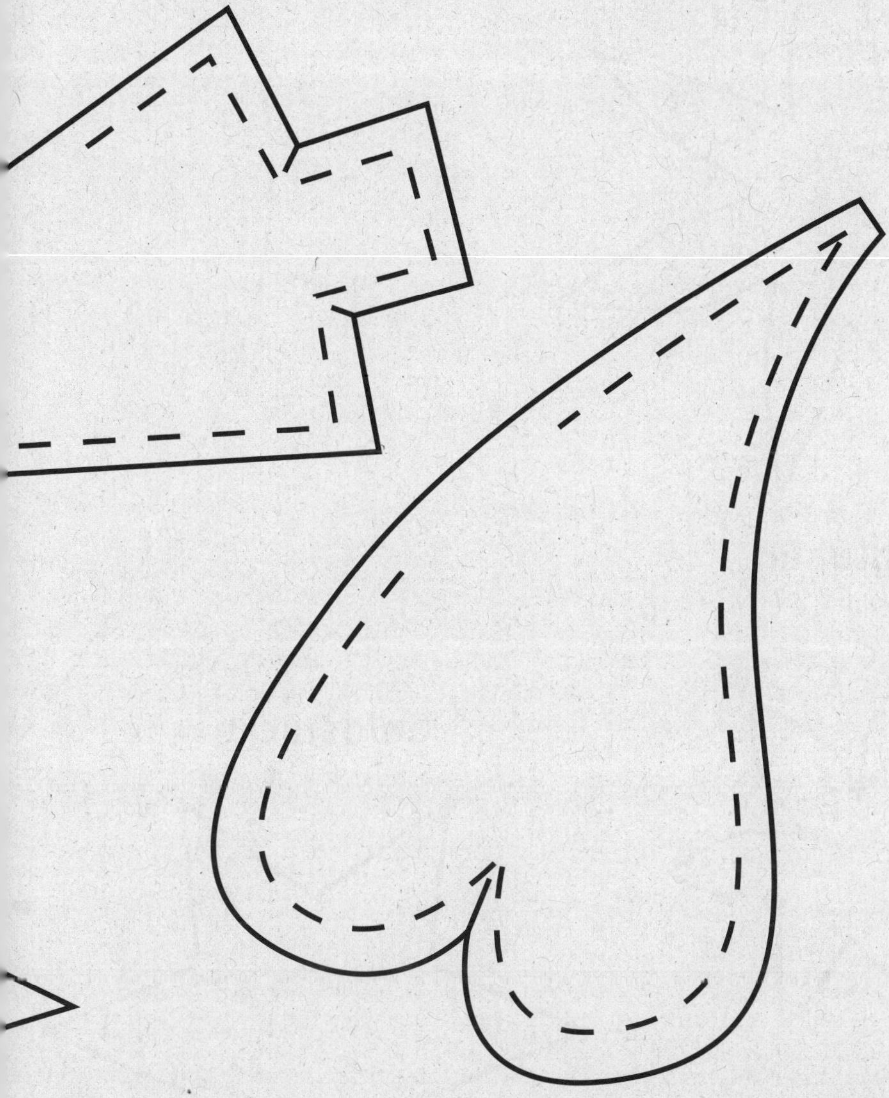

© frechverlag Stuttgart
Sieglinde Holl/Stephanie Göhr
Adventskranz im Trend
Klassische Tischkränze und moderne Gestecke
BEST.-NR. 3868
VORLAGENBOGEN A

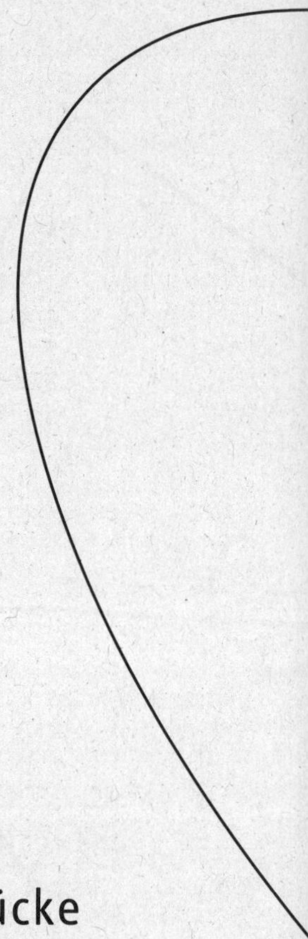

Alpenglühen
SEITE 26/27

Goldstücke
SEITE 16/17

Violette Eleganz
SEITE 18/19

TOPP

© frechverlag Stuttgart

Sieglinde Holl/Stephanie Göhr

Adventskranz im Trend

Klassische Tischkränze und moderne Gestecke

BEST.-NR. 3868

VORLAGENBOGEN B

Tausend und eine Nacht

SEITE 8/9

Bitte auf 200% vergrößern

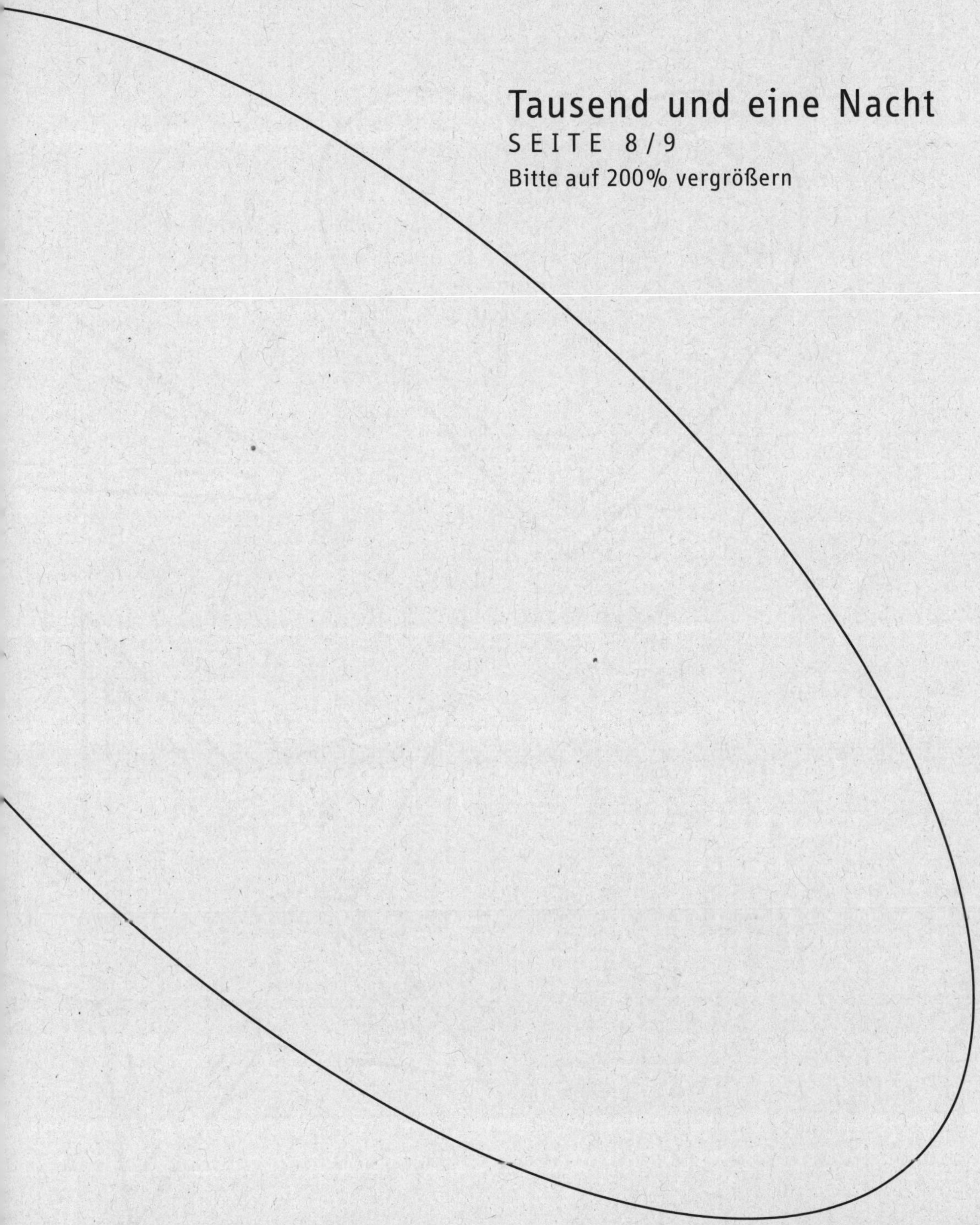

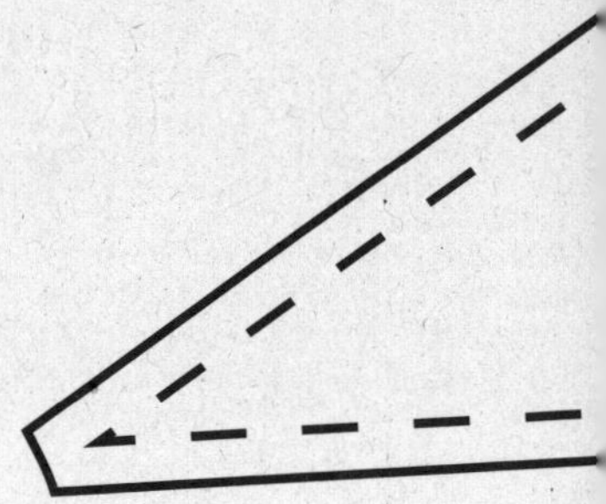

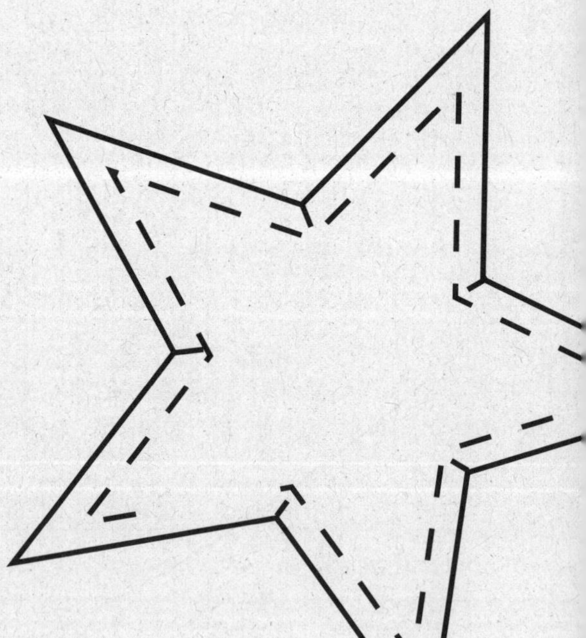

Seine Eleganz schöpft dieses Modell aus der Mischung folkloristischer und selbst gemachter Elemente.

Violette Eleganz

ein Traum in Lila

1 Sie beginnen diesen edlen Kranz, indem Sie die Glitzersterne herstellen: Die Holzsterne mit Bastelfarbe in Lila bemalen, in die nasse Farbe Glimmer streuen und trocknen lassen. Ein Arbeitsschrittbild hierzu sehen Sie bei den TOPP-Tipps.

2 Den Kranz wie in der allgemeinen Anleitung beschrieben mit abwechselndem Grünmaterial binden. Die Büschel sollten sich dabei überlappen, sodass der Strohrohling vollkommen verdeckt ist.

3 Die beiden Wollschnüre an beiden Enden mit Bindedraht andrahten, locker um den Kranz winden und an der Unterseite feststecken. Achten Sie beim Positionieren auf die Abbildung anbei.

4 Die lilafarbenen Kerzen auf den Kerzenhaltern in gleichmäßigen Abständen dazwischen stecken. Vor jede Kerze je fünf bunte Filzkugeln kleben. Die bemalten Sterne mit Heißkleber auf das Kranzgrün kleben. Schon kann der noble Kranz im sanften Kerzenschein erstrahlen!

MOTIVGRÖSSE
ø 46 cm

MATERIAL

* 4 Kerzen in Violett, gegossen, ø 8,4 cm, 12 cm hoch
* 4 Kerzenhalter aus Metall, ø 9 cm
* Strohkranz, ø 30 cm
* Buchs
* Thuja
* Weißtanne
* Bindedraht, ø 0,65 mm
* Filzkugeln bestickt, ø 2 cm
* Wollschnur in Lila, ø 2 cm, 2 m lang
* Wollschnur in Lila, ø 5 mm, 2 m lang
* 8 Holzsterne klein
* 8 Holzsterne groß
* Bastelfarbe in Lila
* Glimmer in Lila
* Pinsel
* Heißkleber

Kühner Kitsch

Beim Klabautermann!

MOTIVGRÖSSE
ø 35 cm

MATERIAL
* 4 Kerzen in Silber, ø 8 cm, 8 cm hoch
* 4 Kerzenhalter aus Metall, ø 8 cm
* Weißtannenzweige
* Bindedraht in Grün, ø 0,65 mm
* Strohkranz, ø 30 cm
* 2 Päckchen Lametta in Gold
* 2 Fische, ø 7 cm
* 6 Fische, ø 5 cm
* Pirat, 12 cm x 5 cm
* Silberspray
* Heißkleber

1 Die Weißtanne gemäß der allgemeinen Anleitung büschelweise überlappend über den Strohkranz binden. Den fertig gebundenen Kranz mit viel Silberspray besprühen und gut trocknen lassen.

2 Die vier Kerzen auf ihren Metalltellerchen fixieren und in gleichmäßigen Abständen in den Kranz stecken. Achten Sie darauf, dass die Kerzentellerchen nicht wackeln.

3 Je zwei Fische zwischen den Kerzen in den Kranz kleben, die Hälfte des Inhalts eines Lametta-Päckchens um die Fische wickeln. Den Pirat hinter zwei Fischen mit Heißkleber im Kranz befestigen.

Unser Tipp für Sie

Reisiglos Sie haben vergessen, Reisig zu besogen? Kein Problem! Dieser Kranz sieht auch sehr originell aus, wenn Sie den Rohling mit Alufolie oder blauem Plastiktuch umwickeln und die Kerzen und maritimen Kleinode darauf positionieren.

Pfauen und Federn

Der Kranz für die Diva

MOTIVGRÖSSE
ø 35 cm

MATERIAL
* 4 Kerzen in Moosgrün, gegossen, ø 8 cm, 8 cm hoch
* 4 Kerzenhalter aus Metall, ø 8 cm
* Metallring aus gewelltem Flachdraht, ø 30 cm
* Weißtannenzweige
* Federn in Hellgrün, Mittelgrün, Hellblau und Dunkelblau
* 2 Pfauen aus Glas, 10 cm x 33 cm
* Bindedraht in Grün, ø 0,65 mm
* Heißkleber

1 Den Metallring mit Abfällen der Weißtanne überbinden, sodass ein stabiler Grundkranz entsteht. Die Weißtanne sorgfältig dachziegelartig und büschelweise überlappend über den Grundkranz binden.

2 Die vier Kerzen auf ihre Metalltellerchen stellen und im hinteren Bereich des Kranzes einstecken.

3 Im vorderen Bereich die beiden Pfauen einkleben oder -klemmen. Die Federn verteilt in den Kranz kleben. Sehr schön ist es auch, wenn Sie die Federn zu Farbverläufen arrangieren.

Der Klassiker

wie bei Muttern

MOTIVGRÖSSE
ø 38 cm

MATERIAL
* 4 Kerzen in Rot, ø 8 cm, 8 cm hoch
* 4 Kerzenhalter aus Metall, ø 8 cm
* Strohkranz, ø 35 cm
* Weißtanne
* Bindedraht in Grün, ø 0,65 mm
* Wollschnur in Rot, ø 7 mm, 6,20 m lang
* 24 Dekoäpfel in Rot, ø 2 cm
* 8 Messingglöckchen, ø 2 cm
* Strohhalme ungebleicht, 22 cm lang
* Legeform, ø 6 cm
* Golddraht, ø 0,25 mm
* Bindfaden in Rot
* Heißkleber

1 Acht Strohsterne wie auf der hinteren Umschlagklappe beschrieben fertigen. Dazu benötigen Sie etwas Geduld, aber eine Legeform unterstützt Sie bei dieser filigranen Arbeit.

2 Die Weißtannenzweige dachziegelartig überlappend über den Strohkranz binden. Die vier Kerzen in gleichmäßigen Abständen mit ihren Haltern in den Kranz stecken.

3 Die Wollkordel auf 4,80 m zuschneiden, an beiden Enden andrahten und locker um den Kranz wickeln. Je 35 cm Wollkordel an beiden Seiten andrahten, in der Mitte mit Golddraht zwei Metallglöckchen befestigen, die Wollkordel um die Kerze legen und beide Drahtenden hinter der Kerze in den Kranz stecken. Den Vorgang bei allen Kerzen wiederholen, sodass sie einen „Schal" bekommen.

4 Kleben Sie vor den Kerzen rechts und links der Glöckchen je drei Dekoäpfel ein. Je zwei Strohsterne zwischen den Kerzen mit Heißkleber fixieren. Schon steht der traditionelle Kranz für einen Bilderbuchadvent voller Harmonie bereit.

Alpenglühen

rustikale Idylle

MOTIVGRÖSSE
ø 35 cm

MATERIAL
* 4 Kerzen in Weiß, ø 6 cm, 10 cm hoch
* 4 Kerzenhalter aus Metall, ø 6 cm
* Heukranz, ø 30 cm
* Moos
* Rindenstücke
* Erlenzapfen
* Kiefernzapfen
* Steine
* 4 Holzknöpfe, ø 2 cm
* Bindedraht in Grün, ø 0,65 mm
* Hirschgeweih, ca. 40 cm lang
* Stoffband in Dunkelblau (Bauernkaro), 25 mm breit, 85 cm lang
* Bastelfilz in Weiß
* Rocailles in Blau, ø 3 mm
* Nähseide in Weiß
* Nähnadel
* Hirsch und Hirschkuh aus Kunststoff
* Heißkleber

VORLAGEN
Bogen B

1 Beginnen Sie damit, den Kranzrohling zu kaschieren: Das Moos locker über den Strohkranz legen und mit Bindedraht umwinden.

2 Das Geweih im vorderen Bereich des Kranzes auflegen und mit Heißkleber fixieren. Um die Kerzen je 21 cm Karoband wickeln und auf der Vorderseite je einen Holzknopf als Abschluss und zur Befestigung kleben. Die vier Kerzen auf den Metalltellerchen hinten im Kranz einstecken.

3 Positionieren Sie nun Hirsch und Hirschkuh; die Tiere rechts und links vom Geweih mit Heißkleber im Kranz befestigen.

4 Die fünf Edelweißblüten ausschneiden und die oberen Blütenblätter mit Rocailles und Nähseide auf den unteren fixieren. Ein Arbeitsschrittbild hierzu finden Sie auf der vorderen Umschlagklappe.

5 Die Rinde in verschieden große Stücke brechen und mit den Steinen und Zapfen verteilt auf das Moos kleben. Abschließend werden auch die Edelweißblüten mit Heißkleber aufgesetzt.

Die kühlen Details aus Glas, Metall und Polyresin haben ihren ganz eigenen Zauber. Die Mischung macht's!

Silver Star

metallische Schönheit

MOTIVGRÖSSE
ø 35 cm

MATERIAL

* 4 Kerzen in Silber, ø 6 cm, 10 cm hoch
* 4 Kerzenhalter aus Metall, ø 6 cm
* Strohkranz, ø 30 cm
* Thujazweige
* Bindedraht in Grün, ø 0,65 mm
* 4 Glaskugeln in Schwarz mit Dekor in Silber, ø 6 cm
* 8 Ausstecherformen, ø 4–8 cm
* 12 Polyresin-Anhänger Ornamental in Silber, ø 4–5cm
* 4 Quasten in Silber, 3,5 cm lang
* 4 Ilexblätter in Silber, 8 cm lang
* Band in Silber, 3 mm breit, 2,50 m lang
* 4 Glasschlifftropfen, ø 2 cm
* 4 Glasschlifftropfen, ø 3 cm
* 16 Glasschliffperlen, ø 2 cm
* Silberdraht, ø 0,35 mm
* Steckdraht, ø 0,40 mm
* Heißkleber

1 Die Thuja wie in der allgemeinen Anleitung auf den Umschlagklappen beschrieben über den Strohkranz binden. Die vier Kerzen auf die Metalltellerchen stecken und in gleichmäßigen Abständen im Kranz fixieren.

2 Das silberne Band in vier Teile schneiden, je einen Abschnitt zwischen zwei Kerzen um den Kranz legen und verknoten. Je zwei Ausstechformen und eine schwarze Glaskugel einbinden. Die Enden des Bandes 14 cm lang lassen, an einem Ende mit Silberdraht die Quaste befestigen, an dem anderen Ende einen Glasschlifftropfen befestigen.

3 Rechts und links der Keksförmchen je zwei angedrahtete Polyresin-Anhänger untereinander in den Kranz stecken, falls sie unter dem Grün verschwinden mit Heißkleber ankleben.

4 Je ein Silberblatt senkrecht unterhalb der Kerze auf die Thuja kleben. Viermal auf ein 20 cm langes Stück Silberdraht zwei Glasschliffperlen ein Glasschlifftropfen und wieder zwei Glasschliffperlen auffädeln. Um jede Kerze diese Kette auf das Silberblatt legen und hinten verdrehen. Fertig ist die kühle Schönheit!

Lichterglanzspirale

warten auf Weihnachten

MODELLGRÖSSE
1,75 m lang

MATERIAL

* 4 Kerzen in Glutrot, ø 6 cm, 10 cm hoch
* 4 Kerzenhalter aus Metall, ø 6 cm
* 20 Teelichter in Weiß
* 20 Kiefernzapfen
* Sisalseil, ø 1 cm, 1,70 m lang
* Weißtanne
* Bindedraht in Grün, ø 0,65 mm
* Steckdraht, ø 0,40 mm
* Stoffherz in Rot-Weiß kariert, ø 5 cm
* Stoffstern in Rot-Weiß kariert, ø 7 cm
* Wollschnur in Rot, ø 5 mm, 90 cm lang
* 3 Glaskugeln in Rot, ø 4 cm
* Heißkleber

1 Diese Girlande hat ein Seil als Kern, das wie ein Kranzrohling bestückt wird. Es werden ringsherum (auch unten!) Zweige angelegt und mit Bindedraht umwunden. Die ca. 12 cm langen Zweige immer schuppenförmig anlegen und so lange über das Sisalseil binden, bis es nicht mehr zu sehen ist. Das Drahtende wird in die Girlande zurückgesteckt. Drahten Sie schon jetzt die Kiefernzapfen an und legen Sie diese bereit.

2 Das Stoffherz am Ende der „Tannenwurst" ankleben. Die roten Kerzen werden auf Metalltellerchen wie auf der Abbildung zu sehen auf der Weißtannengirlande verteilt: Die erste große Kerze in die Girlande stecken. Es folgen fünf Kiefernzapfen im Abstand von ca. 3–4 cm, dann wieder eine große Kerze. Die Anordnung so lange wiederholen bis alle 24 Kerzen verarbeitet sind. Mit Heißkleber die Teelichter auf die Kiefernzapfen kleben.

3 An jede der 30 cm langen Wollschnüre eine rote Glaskugel knoten. Wickeln Sie die Wollschnüre um das Ende der Girlande und kleben Sie den Stoffstern darauf. Die Girlande zu einer Spirale legen. Nun kann wie bei einem Adventskalender an jedem Dezembertag eine Kerze bis Weihnachten entzündet werden.

Mein Tipp für Sie

Traditionell Soll der Kranz wie ein klassischer Adventskranz die Adventssonntage hervorheben, müssen Sie vor dem Positionieren der Kerzen einen Blick in den Kalender werfen. Es sind zwar immer vier Sonntage bis zum heiligen Abend, aber die Spirale sollte ja auch deren Verteilung wiedergeben. Zwischen den roten Kerzen müssen Sie also 6 statt 5 Teelichter auf Kiefernzapfen positionieren und vielleicht endet die Girlande in diesem Jahr nicht mit einer roten Kerze sondern mit einem „Werktagsteelicht".

Sieglinde Holl hatte bis 1996 einen Bastelladen. Sie ist seit über 25 Jahren als Autorin für den frechverlag tätig.

Stephanie Göhr, lebt mit Ihrem Mann und zwei Kindern in Esslingen. Sie studierte Grafikdesign.

DANKE!

Wir bedanken uns bei folgenden Firmen für die zur Verfügung gestellten Materialien: Rayher Hobby, Laupheim; Halbach, Remscheid-Lüttringhausen; Morsa Wachswarenfabrik Sallinger, Krumbach; Knorr Prandell, Lichtenfels; Glorex, Rheinfelden; Christoball, Hemsbach; Marabu, Tamm.

TOPP – Unsere Servicegarantie

WIR SIND FÜR SIE DA! Bei Fragen zu unserem umfangreichen Programm oder Anregungen freuen wir uns über Ihren Anruf oder Ihre Post. Loben Sie uns, aber scheuen Sie sich auch nicht, Ihre Kritik mitzuteilen – sie hilft uns, ständig besser zu werden.

Bei Fragen zu einzelnen Materialien oder Techniken wenden Sie sich bitte an unseren Kreativservice, Frau Erika Noll.
mail@kreativ-service.info
Telefon 0 50 52 / 91 18 58

Das Produktmanagement erreichen Sie unter:
pm@frechverlag.de
oder:
frechverlag
Produktmanagement
Turbinenstraße 7
70499 Stuttgart
Telefon 07 11 / 8 30 86 68

LERNEN SIE UNS BESSER KENNEN! Fragen Sie Ihren Hobbyfach- oder Buchhändler nach unserem kostenlosen Kreativmagazin **Meine kreative Welt**. Darin entdecken Sie vierteljährlich die neuesten Kreativtrends und interessantesten Buchneuheiten.

Oder besuchen Sie uns im Internet! Unter **www.frechverlag.de** können Sie sich über unser umfangreiches Buchprogramm informieren, unsere Autoren kennenlernen sowie aktuelle Highlights und neue Kreativtechniken entdecken, kurz – die ganze Welt der Kreativität.

Kreativ immer up to date sind Sie mit unserem monatlichen **Newsletter** mit den aktuellsten News aus dem frechverlag, Gratis-Bastelanleitungen und attraktiven Gewinnspielen.

IMPRESSUM

FOTOS: frechverlag GmbH, 70499 Stuttgart; Sieglinde Holl (alle Arbeitsschrittbilder); lichtpunkt, Michael Ruder, Stuttgart (alle übrigen)

PRODUKTMANAGEMENT UND LEKTORAT: Anja Detzel

LAYOUT: Karoline Steidinger

DRUCK: frechdruck GmbH, 70499 Stuttgart

Auflage:	5.	4.	3.	2.	1.	
Jahr:	2014	2013	2012	2011	2010	[Letzte Zahlen maßgebend]

ISBN 978-3-7724-3868-4 • Best.-Nr. 3868 PRINTED IN GERMANY